宇宙猫が伝える家族愛の育て方

ムーンレター

Masami Light

Amesian Books

I'm Moon Light.

Here to shine your life.

- moon -

はじめに

ムーンちゃん便りの誕生

２０１３年、仲良しで大好きなお兄ちゃんこと、バディのショーンが高校を卒業し、大学へ進学しました。アメリカの定番習慣とも言える、４年大学進学の子たちは、みんな寮へ引越しです。ムーンにとって人生初、ボーイズの１人と離れて生活する試練がやってきたのです。

当たり前に、毎日『にゃー』と、ドアをくぐるとそこにいた、お兄ちゃんの部屋は空っぽ。11年も学校へ慌ただしく送り出すのを見て、ホッとし、ご飯を食べ、お外で少し朝の光に包まれ寝て、午後はお兄ちゃんが帰ってくる時間には、お部屋のベッドで寝て待つ。

遊んで帰ってきて、私が気づかない時は「帰ってきた」と息つく暇もなく話しかける様子を見て、『こんな風に感情を表現する猫にびっくり』と何度言われたことか。

ムーンの人生の瞬間には、いつもボーイズがいたのです。

サッカーで忙しい次男とは異なり、いつも一緒の長男。新しい家へ引っ越し、山も近いので迷ってしまう猫は、大抵、夜に野生動物の餌食となってしまう。そんな環境でゆっくりと少しずつ、ムーンに「塀を乗り越え、隣家や遠くへ行っちゃいけないこと」を忍耐強く教えてくれたのも、お兄ちゃんことショーンでした。

午後の「ショーンとブランコでまったりタイム」がムーンの1番の至福の時に見えました。

2002年、ムーンはダンプスター（大型のごみ収集箱）に捨てられ、自力で這い上がり、沖縄の私たちの家の前で、ウロウロと迷い、鳴いていた時に出逢った猫。

自ら、私たちを選ぶかのように、ボーイズの後を追い、そして玄関をくぐった瞬間から、我が家、ライト家の一員になりました。捨てられたこの子の人生が明るく照らされ、いつまでも幸せであるようにと、ボーイズが名付けた名前は、我が家のラストネームにマッチし、月明かりに照らされやってきたムーンにバッチリの、

ムーン　ライト

その日以来、いつもボーイズの側で過ごすのが、人生最大の幸せであるかのような日々のムーンの生活があったのです。

「出逢った頃にはすでに心に傷つき残った捨てられたトラウマのお話」「宇宙猫としてのミッションのお話」「日常に起きた本当のお話」も皆さんの元へお届けする日が来ると思いますが、今回は「ボーイズ命！」のお話。

ボーイズこと「僕の人生！」といえるムーンに起きた、衝撃的な長男の大学進学！

大学は見たこともありません。大学が何なのかも分かりません。

分かるのは、ある日いきなり『ムーン行ってくるねー！』と、大きな荷物を抱え出発した、ショーンの部屋が空っぽになったこと。

毎日、抱っこしてくれたのに、会えなくなったこと。

「自分の人生に何が起こっているのか？」

理解するのに、慣れていくのに、やるせない挑戦をする日が来てしまったムーンは、ムーンの母親代わりのお姉ちゃん猫のキティに八つ当たりをする始末。

長男の部屋に入り浸り、キティが一歩侵入すると、猛攻撃で追い出す。まさに長男の部屋のベッドの上で、毎日見張りが始まり、「ショーンが帰ってくるまで誰もショーンの部屋に入れない！」と、新たに作り上げたミッションがあるかのような行動に走ってしまい、悲しみをどうにか癒そうと励んでいたムーンを見て、

『じゃあ、ショーンにお手紙を送ろうか？　携帯へメッセージを送ろう！』

と、始まったムーンからのショーンへの日々のメッセージ。

フェイスタイムの登場により、ビデオメッセージが主流になる前に、綴られたムーンのメッセージは、ショーンの大学の学友たちに人気となり、

『今日も、ムーンからのメッセージきた？』と、新しい大学生活の中でホームシックになる子や、のんびりと親の仕送りで通いながらも成績に悩む子、自分で少しでも高額な大学費用を稼ごうとバイトと学業に多忙な子、そんな成人前の高校を卒業したばかりの子たちの心を和ませていたようです。

みんなが楽しみにするようになったムーンメッセージを、日本の友人たちに、ちょこっ

と見せたら好評で『これ、ブログでも公開して！』とのリクエストから、１００通を超えるメッセージがブログで公開されるようになりました。

アメリカで生活する子たちの心を和ませたメッセージが、この本を手にした、あなたの心の癒し、温かい見えない波動を、皆さんの心に送ることができれば幸いです。

ムーンの世界の愛に触れることで、皆さんが、さらに愛ある行動を人生に添えることができれば尚嬉しい。

それでは、ムーンレターこと、ムーンちゃん便りの一部を一緒に覗いてみましょう。

ムーンのママ - Masami Light

ムーンレター　目次

ページ右下の QR コードから、カラー写真を見ることができます。

QR コードがご使用できない方は、
下記のウェブサイトからも同じ写真を見ることができます。
http://www.amesianbooks.com/moonletter

ムーンちゃん便り

Dear Sean

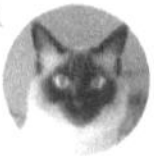

1 ゆびきりげんまん

Apr 2

Dear Sean
Pinky promise. Supposed to ... not wake up mommy middle of night.
Ahhhhhh, I can do it when my buddy comes home.
So it won't happen till summer
Hope mom knows it.
Love Moon

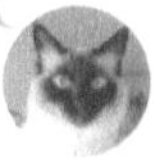

4月2日

ショーンへ

指きりげんまん、無理やりやらされちゅう。
『夜中にマミーを起こさない』という
約束らしい。
あああ。。。それは僕の心友ショーンが
戻るまで無理そう。
ということは、夏までお預けだよ。
マミーそのこと知ってるのかな？

らぶ　ムーン

1 ゆびきりげんまん

Apr 3

Dear Sean
Spot light on me !
I kept promise so I didn't wake up mom last night.
Here I am in B's room now.
Love Moon

スポットライトちゅうのムーン

4月3日

ショーンへ

スポットライトちゅう。
なんせ、昨夜約束通り
マミーを夜中に起こさなかったもんね。
今、ブランダンの部屋で
ゆったりちゅうだよ。

らぶ　ムーン

春休みに少し帰省した長男。

ムーンは、長男がやっと帰宅したのに、春休みが終わり、大学へ戻ってしまったことが寂しくて、真夜中にふと目が覚めた時に、

『お母さん抱っこ！』

と鳴いて、私を起こす日々が続いたことで、無理やりのゆびきりげんまん。

ムーンにとって、長男が大学へ行った初年度は、かなりハードルの高い年でした。そんな中、次男になぐさめられ、次男の部屋でまったりすることが増えたのです。

この3年後、次男の大学進学の時には、ムーン自身に健康の危機が起こり、生死をさまようほどのチャレンジをしていました。

「次男とはもう一生会えなくなるのでは…」の見送りでした。

3年間の間に次男との絆を深めていったムーン。

「これほどまでにボーイズへの愛が深いとは…」と思うエピソードは、たくさんあります。

みなさまの元にもペットファミリーがいるでしょう。感情を表現することが少ないペットちゃんも、同じような愛を持っているはずです。


ムーンは自己表現がとても上手な猫でした。

お話も上手で好きでした。

アニマルたちにこういった感情があることを、私たちに、そして人々に伝えた猫でもあったのです。

あなたの元にいるペットファミリーに、今日も愛とハグを届けてくださいね。そこにいるだけで、実はあなたの魂を誰よりも癒してくれているのです。

keyword from moon's mom

彼らがそばにいることに、今日も感謝を込めましょう

2 世界平和と人生

Mar 12

Dear Sean
Mom said world peace start
being nice to next to you.
So I did.
I wasn't picky this morning.
Love Moon

世界平和ちゅうのムーン

3月12日

ショーンへ

マミーがね、世界平和は
そばにいる者に
ナイスであることって。

だから、そうした。
（フォト見てわかるよね？）

わがまましなかったよ。

らぶ　ムーン

いつも、お姉ちゃんにお世話されていたムーン。

我が家へ来て以来、お姉ちゃんは毎日、ムーンの毛を綺麗にしてくれていました。


お姉ちゃんが癌になった時、獣医の先生に『体力が弱っているので、毛繕いを始めたら、元気になりつつある合図です』と言われ、最初に毛をなめたのはムーンでした。


愛情深いお姉ちゃんですが、食欲が一番ではありました（笑）。

自分意思をしっかり持っていたムーン。

「ゆっくりと自分のペースで食べたい！」

ご飯を横取りされた経験が何度もあるので（笑）。


何よりも自分のペースを乱されるのは好まないムーンと、お姉ちゃんとの食事風景に、世界平和の会話は結構効いたものです。

今日、あなたのそばにいる人に感謝を伝えたり、思うだけでもよし。
あなたの今日という人生シーンに登場する人々は、紛れもなくあなたの人生の一部です。

ムーンちゃんとともに、世界平和への一歩を踏み出してみて。

keyword from moon's mom

今日出逢う人、アニマル、自然へ感謝を感じてみましょう

2

世界平和と人生

爪切り克服

Mar 13

Dear Sean
Life is a challenge.
U c I'm over come my fear I don't need u or Brandon cover my eyes when I get nail cut.
But I looked away
Love Moon

爪切りちゅうのムーン

3月13日

ショーンへ

人生は、何事もチャレンジだって。
見てわかるでしょ？
怖いの克服したよ。
もう爪を切ってもらうときに
ショーンやブランダンに
目を隠してもらわなくても大丈夫。

いちおー、目は横向いてたけど。

らぶ　ムーン

ボーイズが見守る中で、苦手な爪切りをしてきた11年。

実際には、ボーイズが爪切りの様子を手で隠してくれて、やっと落ち着くパターン（笑）。

2人になだめられ、褒められ、とにかく頑張ってきたのに、ある日突然、人生変革。

支えてくれたボーイズの1人、長男が大学進学のため、ムーンの爪切りサポーターが、次男1人になってしまったのです。


強くなろうと思ったのか？

環境の変化は、人もアニマルも強くしてくれるのか？


泣きわめくよりも、チャレンジしようとした姿勢に感動したものです。

あなたの人生にも、ちょっとだけ良き変化を添えてみませんか？

猫のムーンもできたプチチャレンジ。
あなたの克服したい事柄は何ですか？

さあ、あなたにもできる！
そんな思いとムーンの見守りの中でやってみて。

keyword from moon's mom

きっとできるはずですよ

3 うちのマミーはこんなんだよ

Sep 27

Dear Sean
This is how I scared mom another day when she was sleeping. She jumped and screamed. Took two seconds to recognize me. That's how our mom is
Love Moon

驚かせるつもりはなかったムーン

9月27日

ショーンへ

この間、マミーが
うたた寝しているときに、
こうやって驚かせてしまった。
マミーってば、ジャンプして叫んでたよ。
僕だって気づくのに
2秒くらいかかってた。

これがぼくらのマミーだよ。
はーあ

らぶ　ムーン

3 うちのマミーはこんなんだよ

Oct 12

Dear Sean
Mom said you are too busy.
We don’ t hear from u at all.
Mom has to give me hug a
lot since I miss you 😿
Love Moon

ショーンが忙しくて寂しいムーン

10月12日

ショーンへ

マミーがショーンは忙しいって言ってた。
だからこのところ、
全然連絡がないんだよって。
あまりにも僕が寂しがるから。
僕をなぐさめるのに、
ハグもいっぱいしてくれるマミー。

らぶ　ムーン

Oct 14

Dear Sean
Bed time story... Mom is reading for us. Long time ago there was a boy named Sean. He was really good boy showed love to cats...
Then I told mom to stop it cause miss him more 🐱
Love Moon

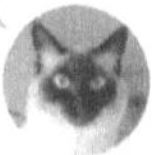

もっと寂しくなるムーン

10月14日

ショーンへ

ベッドタイムストリー。。。
マミーが僕たちに
お話を聞かせてくれてるとこ。

昔々、あるところにショーンという名の
男の子がいました。
いつも猫たちにいっぱい愛情を
見せてくれる優しい子です。。。

というところで、マミーに

もう今日のお話は終わり、
もっと寂しくなるにゃん

と言ったんだよにゃー

らぶ　ムーン

「You are my world」

という言葉がありますが、

「あなたそのものが私の世界」

という感じで、まさにムーンにとって、ボーイズがそうでした。


お姉ちゃんもボーイズのことが好きでしたが、とても猫らしくクールに生きていました。

ムーンは呼ぶとやってくる、お話すると返事する、表情を変える。

毎日5分の抱っこハグは、習慣でおねだりする。


フェイスブックや過去のブログ投稿を見ると分かるように、鳥やリスたちとの暮らしぶりはムーンならではでした。

隣でお姉ちゃんが鳥を本能的に狙うと、ムーンは、まったりその様子を見る。勇敢なお姉ちゃんに、平和主義の静観視のムーン。

鳥など、他と尊重し合っている様子のムーンが、ボーイズにだけは全く異なる反応。

ボーイズの友達が集まれば、自分も仲間であるかように、必ずその輪に入っていたので、成人した友達も当時を振り返り、ベストフレンドメンバーだったというのです。

そして、

『僕らの秘密も全て知っている。全部話を聞いてきたから（笑）』

人の生き方、人の成長する様子を「そのまま、宇宙のあるところへ報告していたんだろう」と、腑に落ちるムーンの行動でした。

子供達には一瞬一瞬の時間を大切に。

「若い時に、たくさん遊べる時期に、お友達との時間を満喫し、友情もどんどん深めるといいわ」

この教えの通り、大学の勉学と遊びに忙しい長男。寂しがるムーンに、『ごめんねー。マミーのしつけた通り、楽しんでいるみたいよ。ムーンは、マミーと仲良くしようか？』ということも多いものでした。

離れた家族との繋がり。ほんの小さなステップで、築けるものがきっとあるはずです。

繋がりのコミュニケーションをなんとなく怖がっていませんか？

「相手からの返事を期待するメッセージのやりとり」ではなく、「日常の中にいつも、遠く離れたあなたが家族の元には存在するよ」のメッセージの根底でそう伝える、日常の携帯メールを送り続けたものです。

keyword from moon's mom

あなたは愛されているのよ

4 帰ってくる

Oct 31

Dear Sean
Yeah, mom told me that my buddy comes home in Nov!
U can c my excited scratch dance!!
U made my day.
Happy Halloween
Love Moon

10月31日

ショーンへ

イェー！
マミーがバディー（親友のショーン）が
11月に家に帰ってくるって！
興奮してひっかきまくってのダンス
見えるでしょ？
最高の日だよ。

ハッピーハローウィーン

らぶ　ムーン

長い間、興奮のYAY（ばんざい！）をYEAH（ああ！　いいね）くらいのスペルを勘違いし、使っていた私です。でも、ボーイズにはムーンからのお手紙で、ちゃんとその興奮はいつも伝わっていましたね。

ムーンは、ボーイズが学校から帰ってくる時間は、毎日がハッピーのようでした。

長男が大学進学して「初めて家に帰ってくる」とお知らせを聞いたのがこの時。

でも、実際に久しぶりの対面をした時には、これまでのあまりの辛さと感動と全てが混ざり合い隠れ、長男に抱っこされても目を合わせない、不思議な行動をとっていたのですが、無理やり目を合わせた途端に、とろけてしまったムーンでした。

やっぱり「愛のパワー」は、すごいものであります。

そして、その後は想像通り、どこへでも付いて回り…。

結局、数日のサンクスギビング帰省の後、ムーンは急性膀胱炎になり、獣医の先生に『急なショックなことがありましたか？』と言われてしまいました（苦笑）。

keyword from moon's mom

愛の心を素直に表現してくださいね

5 自然の友は不思議だらけ

Sep 15

Dear Sean
I have things to tell you.

I caught baby mouse this morning & Brought home. Little while later disappeared!! Mom said mouse went to home. Supposedly said good bye and left.I wonder why Mouse left so early
Love Moon

話したいことがあるムーン

9月15日

ショーンへ

話したいことがあるんだ！

赤ちゃんねずみを今朝捕まえて、
家に持ってきたんだよね。
少ししたら、消えてた !!!
マミーは、ねずみさんはさよならして、
自分の家へ帰ったと言ってた。
なんで、早く帰ったのかなあって、
考えてるんだあ

らぶ　ムーン

Sep 16

Dear Sean
Fly's been in a house and tickling me when I eat. Can you come home and help me? They bother me so much. BTW so hot outside. Drink water please, mom said healthy cats from drinking water. Same as human I guess.
Love Moon

ハエで困るムーン

9月16日

ショーンへ

もうさ、ハエがご飯食べている時とか、
くすぐるから困ってるう。
戻ってきてヘルプしてくれない？
ハエたちは邪魔ばかりするんだ。

ところで。。。外暑いよ。
マミーがお水飲んでねって
そばで言ってる。
健康な猫は、お水をちゃんと飲むらしい。
たぶん人間も同じだと思うよ。

らぶ　ムーン

Sep 18

Dear Sean
Eat eat eat!! U c me I'm eating serious. I was picky then mom told me that she will report you if I don't eat good. Here I am eating good. Gotta be good boy till I c u again
Love Moon

食べまくりのムーン

9月18日

ショーンへ

食べて、食べて、食べまくり！
見てるでしょ？
真剣に食べてんだからね。

マミーがね。僕は好き嫌いが多くて、
ちゃんとご飯食べなきゃ
ショーンに告げ口するというから
一生懸命食べてるんだよ。
ショーンが帰ってくるまで
おりこうさんでいなきゃ！

らぶ　ムーン

我が家の庭には、いつもたくさんの蜂がいて「猫たちが刺されないか？」と懸念したこともありましたが、蜂さんが上手に周りを飛んでくれたので、猫たちも「共存」と友のように過ごしていました。

でも、ハエさんだけは別ものらしく（笑）。

「ハエはうるさい、どこかへ行ってくれ」というように、ムーンはいつも嫌そうな顔をするので、

「同じ飛ぶ存在なのに？　こうも違うのだろうか？」と笑ったものです。

お姉ちゃんが、数回、鳥やネズミを捕まえてきた時、ムーンはいつも手で「生きてる？　大丈夫？」の様子で、動かないと分かったら、私に「どうにかして！」とよく合図をくれたものです。

私たちは湿度の低い乾燥地帯であるロサンゼルスに住んでいます。

水を飲む習慣は家族にも早くから教えてきたので、猫たちにも『とにかくちゃんと飲んでてねー。ヘルシーキャットは、水を飲むことから

よ！』が口癖の我が家でありました。

ボーイズも起床時に水、その後しばらくして、ハチミツ紅茶を飲んで登校していました。大学中、一人でもアパートで同じ習慣は続いていました。子供の頃の習慣は一生のものになります。

ちなみにムーンのママは、いつも白湯を1日中飲んでいます。

keyword from moon's mom

質の良い水を飲む習慣をつけてください

6 しっぽさま様

Nov 5

Dear Sean
My way of keeping door open.
My tail helps me always.
When it's cold day mom closes
the door as soon as I step
outside then go upstair. She
totally forgets that I'm outside.
Love Moon

新しい方法をみつけたムーン

11月5日

ショーンへ

これは僕の新しい方法で、
ドアを閉めさせないようにしてるんだ。
しっぽは、いつもヘルプしてくれてる。
寒い日、マミーは僕が外へ出ると
すぐに閉めるから、時々忘れて
2階に上がってしまうんだよ。
で、ぼく？
マミーが気づくまでドアの外で
まっているんだよ。

らぶ　ムーン

毎回、このムーンの頭の良さに関心。しっぽの為にドアが閉められず、ヒーターが自動でオンになると、ダディに叱られるのはマミーでありました（笑）。

外に出るのは好きなのですが、1人ではなく一緒に出たいムーンでしたので、暖かい夏はまだ良し、冬は厳しい時もありましたね。医療ミスで腎臓を悪くしてからは、寒さは苦手となり、ある一定気温だと外へ出ない、もしくは出たとしても5秒で戻る。それでも日中は暖かいロサンゼルスで、年中、日向で昼寝を楽しんだムーンでありました。

晩年には、キッチン脇の外のカウンターから、窓越しに「開けて！」をするにも、高さ1メートルをジャンプするのが厳しくなり、歳ごとにケアの仕方、付き合い方が毎年変わっていった時を思い出します。

アメリカで時折耳にする「歳をとり、世話するのが増えたから、安楽死をさせた」などの言葉に、大切な家族を、ちゃんとできる限りの世話

をし、共に人生を分かち合った時間の大切さを、思い出してもらいたいと切に願い祈るのです。

keyword from moon's mom

歳をとった家族も大切に、いずれ通る道だから

7 おどろいたよ

one day

Dear Sean
I'm at outside with my mommy now since my buddy is not around I can take substitute of mom 🙀 they were gone all day soccer & shopping. Hope you're ok too.
Love Moon

代理で我慢のムーン

ある日

ショーンへ

お外で、マミーと一緒。
心友ショーンがいないから、
代理のマミーで我慢しとく。
みんなサッカーで
1日留守だったんだよね。

らぶ　ムーン

7 おどろいたよ

one day

Dear Sean
I gotta tell my story... I was on the cat tower Brandon pulled down so I landed on B. Scratch mark on his arm and chest. I was scared though. Brandon said sorry to me but now I bother mom at kitchen till get extra fishy care.
Love Moon

おねだりムーン

ある日

ショーンへ

話があるんだ。
キャットタワーで寝てたら、
ブランダンがタワーをひっぱって、
バランス崩して、ブランダンの上に
着地したんだけどさ。
おかげで、ブランダンの腕と胸あたりを
ひっかいちゃったよ。
怖かったのは僕なんだよ。
ブランダンが、ごめんね！
と言ってきてた。
で、今は、キッチンで大変だったから
エキストラケアのおやつちょーだいと
おねだりしているとこ。

らぶ　ムーン

7 おどろいたよ

one day

my do

Dear Sean
Whoops I pushed then sent
🙀 my first selfie. Mom said
I need make you laugh.
I became friend with squirrel
so mom said I'm good boy.
Love you always Moon

セルフィームーン

ある日

ショーンへ

My do 。。。

まちがって違うのおして送信されたよ。
これは僕の初めてのセルフィー。
マミーが、ショーンを笑わせなさいって
いうからさ。
今日はリスとも仲良くして、
おりこうさんだね！
とマミーに褒められた。

いつもらぶだよ　ムーン

サッカーは次男の好きなスポーツで、5歳から大学までずっとプレイしていました。

物静かなお兄ちゃんは、空手やテコンドーなどの武道派。

スポーツの才能溢れる弟を、いつも微笑ましく見るお兄ちゃんでありました。


アメリカは、ある年齢まで1人でお留守番は、禁止の国です。

サッカーとなると、クラブチームでしたので、遠征に片道2時間の距離もあり、頻繁に朝の5時発でサッカー場へ向かうことも多く、お兄ちゃんも、いつも一緒にある年齢まで同行してくれたものです。


そして、中学校の高学年頃からは、早朝出発の日には、お留守番するようになり、お手紙にあるように、ムーンとしては長男とゆっくりする大好きな時間。それが、お兄ちゃんの大学進学とともに、キティお姉ちゃん猫とお留守番のみ。

お兄ちゃんがいると、外でまったりできるのに、お姉ちゃんと2人で

お留守番の時は室内。

環境の変化に、いつもムーンは、色々な考えを持っていた気がします。

寂しがるムーンを見て、2つ目のキャットタワーを購入。次男の部屋のムーンの居場所として置き、集まる心友たちに交じり、ボーイズ＋ムーンはタワーの上から、いつもお話を聞いていたそうです。

驚かせたお話の後には、キャットタワーに一緒に座ったことで、次男の重さで当たり前にベッド部分が折れ、斜めになったエピソードもあり、ジャンプの時には、その段は絶対に避けるムーンであり、いつも笑わせてくれる、次男とムーンは仲良しの2人へ進展していったのです。

今回、ムーンレターも20エピソードを選んで、まとめているのですが、他にも、20という数字の関連が多くなった、本のまとめスタートでした。

ムーンが20ずつのメッセージを送ってきたときに、魂となったムーン

の交信のやりとりに「どうして、20なの？」と尋ねたら、「お母さんわからないの？」と見せてきた映像は、この章で描いたサッカーへ出掛けるシーンや、サッカー仲間の中で見上げるムーンの視点からの映像でした。

ずっと目で追いかけていった20の数字は、次男の長年の背番号。

数字も分からないムーンにとって、いつしか喜び嬉しそうに出掛ける次男の背中を追いながら見える数字は、愛の象徴になっていったようです。

小さなことにもムーンのこだわりがあり、きっと小さな一つ一つが、さらに大切であることを教えてくれていると思いました。

こうして思い出し読んでいると、2人のボーイズの習い事も異なり、放課後の送迎が当たり前のアメリカで、子供達がまだ幼い頃、ダディがイラクの医療勤務で単身赴任の時期があり、シングルマザーのごとく、子育てをする中、本当に猫たちと周りの父兄に、助けてもらったのを思

い出し、改めて感謝の気持ちが溢れる、このエピソードの日であります。

何気ないことで助けてくれる、手を差し伸べてくれた人々の温かさを、いつまでも感謝し、心に残しておきたいものですね。

喉元過ぎれば熱さを忘れるよりも、常に感謝を持ち続ける人でいることが、波動の世界で大きく変化するのを見てきたからこそ、素敵な心温かい人を多くの人に目指してもらいたいと思いますね。

keyword from moon's mom

受けた恩も感謝と共に、
いつまでもその温かさを心で感じてくださいね

8 猫のビジュアル

Mar 2

Dear Sean
Mommy keeps telling me to visualize my name to be called when u get Oscar someday.
How many times do I need think? Is your friend seen already?
They came home 7:15pm..
missed?
Love Moon

オスカー賞受賞をビジュアルするムーン

3月2日

ショーンへ

マミーが、いつの日か
ショーンがオスカー賞受賞するときに、
僕の名前が呼ばれることを
ビジュアルしとけって！
ねえ、何回くらい思ってたらいいの？
お友達は、もう出たの？
マミーたちは7:15PMに
戻ってきたけど、ミスった？

らぶ　ムーン

Mar 3

Dear Sean
Stretch time in B's room.
Mom & Dad went to pick up friends.
We r hanging out B's room watching game.
Love Moon

ストレッチタイムのムーン

3月3日

ショーンへ

ブランダンのお部屋でストレッチタイム。
マミーとダディーは
お友達をお迎えに行ったので、
ブランダンの部屋で
のんびりゲームみてるとこ。

らぶ　ムーン

猫のムーンちゃんを通し、よくお話に出てきたのは、ビジュアル、イメージすること。

日頃から、幼い頃から、ビジュアルすることを、さりげなく教えることって、大切なことかもしれません。
大人になりビジュアルをすること、イメージすることが、なかなかできない人を見て、さらに思いました。

もちろん、すでに大人になった方々は、このページを読んだ後、
「自分の夢をイメージする、ビジュアル化する」時間を、少し持ってみてください。

猫のムーンでさえも、この数年後、自分の健康で、そのビジュアル力を発揮したのですから。

ビジュアルの習慣化として、Light World の中から「3 Key Lights」

も参考にしてくださいね。

ちなみに、その後、職場で何度もオスカー賞受賞の体験をすることになった長男。ムーンとの連携ビジュアルの効果ですね？（笑）

keyword from moon's mom

日頃から「夢や、心が温かくなるビジュアル」の時間を作ってみてください

9 なんと…

Nov 18

Dear Sean
Me!! begging my food to daddy.
A lot of stories already this morning.
I woke up mom & took her to wake up B. Guess what! new time for B from today, start @ 8am. No wonder mom slept in.
It means delay of my breakfast too.
U know why I'm hungry.
Everything pushed back because of B new class time 🙀
Love Moon

ご飯おねだりちゅうのムーン

11月18日

ショーンへ

僕だよ!!
ダディにご飯おねだりしているところ。
今朝は、すでにたくさんの話があるよ。

まみーを朝起こして、ブランダンを
起こすよう部屋へ案内したら、
なんと!!!
ブランダンは新しいスケジュールが
今日からで８時スタートだったんだよ。
どうりで、マミーが少し寝坊したんだ！
ということは、僕の朝ごはんの時間も
ずれるってこと！
写真みてのとおり、なんでお腹空いて
いるか？　わかるでしょ？

全部が押し押しだよ、ブランダンの
新しい時間割のためにさ！

らぶ　ムーン

「新しい時間割になった」「スケジュールが変更になった」のお知らせは、人間だけでなく、一緒に住むアニマルたちにも大切であります（笑）。

結構、真面目に、毎日の日課をこなすペットたちです。

お兄ちゃんが大学進学後、キティちゃんの意識も次男へ向けられ、毎朝、次男を起こす役目も、自ら作っていたお姉ちゃん。

一番大変だったのは、アメリカのサマータイムで時間が変わる時。

「同じ時間なのに、どうして太陽の位置が違うの？」「どうして暗さが異なるの？」「外に出たい！」と。

しかも、体内時計？　自然時計？　で生きていますから、人間の都合で変わるものほど、アニマルのアジャストは大変そうでした。

サマータイム変化の時に、何度ドアの前で、「外へ出たい！　もう明るくなってもいいはずだ！」と、ボイコット座りされたことか（笑）。

太陽と共に1日が始まり、月と共に夜のリラックスタイムが始まり、1日を終える。また明日に備え、パワーチャージの時間を大切にする動物たちから、自然生活感覚を学ぶことは多く、まさに自然の師匠と言える存在が、私たちの周りには多いものです。

曇りや霧の深い日には、庭へやってくる鳥たちもリスも、スローであるのを見ると、全てのアニマルに当てはまるものだと実感するのです。

我が家では、ムーンやキティの動き一つ一つで、自然以外の様々な存在の動きさえも知ることが多く、ワンダーワールドはいつでも、そばに存在することを立証する猫たちでした。

keyword from moon's mom

「地球と自然からの教え」の偉大さを感じてください

10 夢は叶ったがにゃ・・・

Nov 19

Dear Sean
There's a rumor that you are coming home soon.
Is my dream come true?
I'll be your best life supporter.
Love Moon

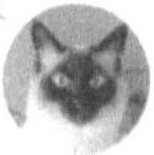

夢は叶うのかな？ のムーン

11月19日

ショーンへ

うわさによると
もうすぐショーンが帰ってくるらしい。
僕の夢は叶うのだろうか？
僕は、ショーンの
ベストライフサポーターだよねえ。

らぶ　ムーン

10 夢は叶ったがにゃ・・・

one day

Dear Sean
I went to vet today I'm sick. I couldn't go pee this morning. Mom took me to clinic as you see. Vet said possible stress urin infection. I know my buddy left yesterday
Love Moon

ストレスムーン

ある日

ショーンへ

今日は、具合悪くて獣医さん行ってきた。
朝、おしっこが出なかったからさ！
見ての通り、マミーがすぐに
クリニックに連れてきてくれ、
ストレスからの膀胱炎かもしれません
って。

昨日、ショーンが 1 週間の休みのあと
大学戻ったからなあ。。。

らぶ　ムーン

猫のムーンが証明したように、ちょっとした小さなストレスも、大変なことになります。

皆様もストレスをためないように、作らないように！

日々のライフスタイルと心を見つめましょう。

「小さなストレス見つけ上手」よりも「小さなささなハッピー見つけの鉄人」になる方が、人生はより良くなるはずです。

そして、いかに小さなことがハッピーであるかも、ムーンは語っていますね。

「帰ってくる！」

「会える！」

は、ムーンにとって、大きなライフイベントの瞬間でありました。

でも実は、誰にとっても「会える！」ということは、まさに人生の中の奇跡であり、最高のモーメントであるのです。
小さなことが、本当は宇宙の中の奇跡の瞬間であること。

keyword from moon's mom

すべての瞬間に
たくさんの幸せの粒が隠されていることを知りましょう

11 カウントダウン

Nov 16

Dear Sean
Count Down everyday
Sean is coming home
Love Moon

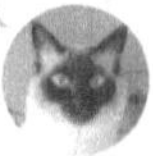

11月16日

ショーンへ

毎日カウントダウンしてるよ。
ショーンが帰ってくるんだもんね。

らぶ　ムーン

日々カウントダウン。
ムーンちゃんが、大好きな抱っこをされながら、カレンダーを見て、『この日ね』と、指をさしてお話をしていると「カレンダーはまるでマジックのようなもの」と思うように？　なっていきましたね。

猫は猫なりの体内時計で、この地球の流れをちゃんと知っているはずです。全ての生き物がそうであるように、体内時計と自然を感じながら、時間を、季節を感じています。

日々の出来事や、秒針に追われ、時間を感じていませんか？

本来ある自然の刻まれた時間の感覚は、太陽の暖かさ、日中の暑さを涼ませるような月のクールダウンの時間。
　太陽時間と月時間を感じ、大自然が教える時間の感覚を少しずつ感じ、自然の時の刻み方を五感に、心で、時の進みを感じてみませんか？

ムーンやキティは、朝の太陽が上がる前の時間に、クンクンと鼻を動かし周りを見て、木の葉の動き、風や全てから、そろそろ太陽が上がる時間だと感じ、太陽が沈み始める頃には、フクロウや野生動物が出てくるので、安全のため、そろそろ家へ入る頃だと、外の昼寝から家へ入ってきたものです。

「自然を感じて生きる」

この星に生まれた私たちの特権かもしれませんよ。

keyword from moon's mom

太陽と月を感じて、1日を過ごしてみましょう

12 僕は猫なんだよね

Apr 14

Dear Sean
Oh oh!! I got caught
because I walked off limits
mom cooking dinner
kitchen
Love Moon

4月14日

ショーンへ

やば！　つかまってしまった。
マミーがディナー作っているときは
はいっちゃいけないというキッチンに
侵入したんだよね。

らぶ　ムーン

12 僕は猫なんだよね

Apr 17

Dear Sean
Me this morning time zone
I had fight against black cat at the fence.
Mom said I need to be nice & can't chase to street.
But after talk mom said I also did good job territory protect.
Mom finally knows I'm cat.
Love Moon

4月17日

ショーンへ

今朝、ぼーっとする僕。
なんせ、フェンスで近所の黒猫と
喧嘩したんだよね。
マミーが、優しくしなさい、
車の多い通りへ追っかけたらいけません
とかいってた。
でもね、お話のあと、マミーは
こうもいったよ。
テリトリーを守るための行動したんだね、
おりこうさん、グッドジョブ！　って。

やっとマミーは僕が猫だって
気づいたみたいだよ。

らぶ　ムーン

我が家でのキッチンは交友の場。

子供たちとの会話はもちろん、みんなが集まり会話をするところで、猫も家族も思い出がたっぷり。


大学へ進学した息子の好きな食事を作っていると、食べさせてあげたいと切なくなり、ムーンを抱きしめ一緒に寂しさを募らせたり。

頻繁に訪れる次男の友人たちが、食事やスナックでキッチンへ来ると、ムーンは私とともに、ウェルカムのキッチンの内側に座り同席しました。


多くの人の思い出の中に、キッチンでのムーン時間があるのです。

そんな思い出がたくさんのキッチンで、ムーンの写真もたくさんあります。


当たり前にキッチンの椅子に上がり、お料理するのをよく見たムーン。

床を歩いたり、床に座っていると、私が気づかずに、ぶつかったりしては危ないので、いつもキッチンの椅子にかけて見るのがムーンだったの

です。

外では、地面が好きでしたが、振り返ると、床にいる事がとても少ない猫でもありました。

人間の行動に関心を持ち、いつも見ていたのものです。

keyword from moon's mom

食事をしながら、心に残る時間を持ちましょう

13 お部屋より

Oct 13

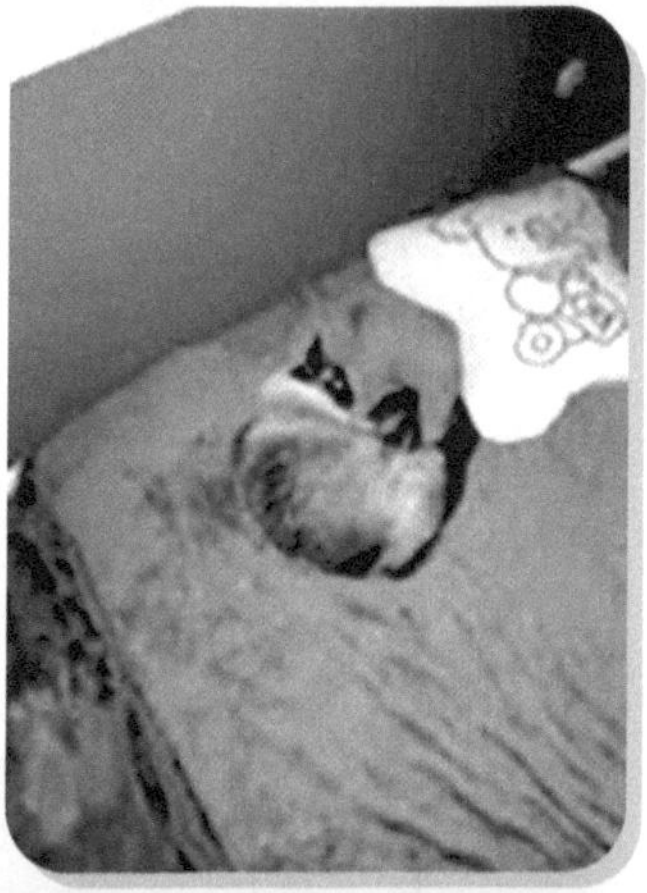

Dear Sean
Life is sometimes tough being Alone but I survive till my buddy comes home.
Love Moon

PS..mom will dream about your success when she goes to sleep. Yeah, Good night.

耐えるムーン

10月13日

ショーンへ

人生は時にタフなんだよねえ。。。
でも僕はバディ（親友ショーン）が
帰ってくるまで耐えるんだもんね。

らぶ　ムーン

PS... マミーは今夜もショーンの成功を
夢見ながら寝るそうです。
イエー！　おやすみ

13 お部屋より

Oct 14

Dear Sean
Cold here ... stay warm there
Mom said feel your energy and believe you're the master.
Love F/moon & kitty

寒いムーン

10月14日

ショーンへ

寒いです。。。
(ショーンは) 温かくしててね。
マミーが、自分のエネルギーを感じて
マスターだって信じるようにってよ。

らぶ　ムーンとキティ

親元を離れ、家族から離れ、大学へ進学する。まだ成人前の我が子も、きっと同じように、寂しいときや大変な時もあったと思います。

ムーンは特に離れていても、そんな時を察知するのです。多くのペットファミリーたちがそうだと思います。以心伝心の強さから、早々と感じるはずです。

ボーイズの大学時代には、ムーンが彼らの部屋へ行き、変わった行動をとる時は、必ず彼らに、大小関わらず変わった事が起きていました。

寂しさも、他の数多くのことも、乗り越え、自分の夢に向かい、進学した我が子には、人生のマスターは自分自身であることを、ムーンは伝え、リマインドするのです。

寂しいときや、人生最悪と思った時でさえ、幸せの扉の前にあなたは立っていて、ドアのノブに手をかけたまま、まだ開けてないことを覚えていて欲しいのです。

自分を信じるのを忘れた時、「私とムーンがあなたのことを信じている」と覚えていて欲しい。あなたにも、本当は言葉にしないだけで、あなたを心から信じる人は必ずいるはずです。

そして、人生のマスターとして、あなたこそ自分を信じ、涙を流しても拭いて、また歩んで欲しいと思います。

あなたはそれが必ずできる人！

この本を読む全ての人に、

「どの年齢であっても、自分自身の人生のマスターであること」を、今日も認識していただきたいですね。

keyword from moon's mom

我が人生のマスターとして、最高の人生を創りましょう

14 Miss Summer

Dec 6

Dear Sean
My look when it's freezing cold day 🙀
I move faster outside now due to low temperature in the morning.
Miss summer.
Love moon

凍えそうなムーン

12月6日

ショーンへ

外が凍えそうなときの顔！
気温が低いので外では、
動きも早くなってるよ。
夏が恋しい。

らぶ　ムーン

寒い日におしっこで外へ出ると、猛スピードで戻ってきたムーン。そして、戻ってくると、いつも目がまん丸なのです。

ロサンゼルスは、シティのイメージが多いのですが、ハリウッドの裏まで続く山脈の一つが、我が家の裏手にもあります。自然と隣り合わせで、気温差があるところです。

朝、1℃の時もあり、道が凍るのを初めて体験しました。そんな日も日中は、25℃まで上がることも多く、温暖差の激しい気候です。

沖縄生まれで幼少期？　にロサンゼルスへ引っ越してきたムーンとキティ。

ロサンゼルスの郊外に住んでいますが、沖縄ののんびり気質？　から、野生動物たちの宝庫も近いサンタモニカ山脈に囲まれ暮らし、フクロウや鷹のハンティングから身を守り、時には『ムーンはお姉ちゃんより体重が重いから、持って行かれないよねー』と冗談を言いながら。

朝、外へ出る習慣を持ち、寒い日も、早朝に見かけるコヨーテの餌に

ならないよう、一緒に外へ出たり。

初体験がとても多く、最終的には、カルフォルニア生活が人生で最も長くなり「カルフォルニアっ子のウチナー（沖縄）猫だ」とよく話していました。

世界のウチナーンチュは人だけでなさそうです（笑）。

皆さんも自然と共に、グローバル思考と視野を広げてみましょうか？自然を感じることで、心の輝きと思考に変化が訪れますよ。

猫のムーンを見てそう実感したのです。

keyword from moon's mom

時には、耳を澄まして、季節の流れを聞き、
そして、自然を感じる時間を過ごしてください

15 聞き上手

Oct 28

Dear Sean
Mommy said I'm good role model for mom's team cause I'm good listener.
Love moon

お手本ムーン

10月28日

ショーンへ

マミーがね、
僕はマミーのお仕事のみんなの
ロールモデル(お手本）だって。

お話聞き上手だからって。

らぶ　ムーン

実はこの日以来、お弟子さんがどんどん増えていき、「ムーン師匠」「ムーン先生」と呼ぶ方が、世界のあちらこちらに。

凛としたムーンの姿。自分の意思をしっかりと通すムーンでも、ちゃんと家族の話に耳を傾け、必要なことを聞き入れてくれる様々なムーンの姿がありました。

外で禅座りをするムーンに『夕方、暗くなってくるから、家に入る時間よ』と声をかければ、ちゃんと聞き、トボトボ歩きで家に入って来る。その様子を見た人たちが、感動し「師匠」と呼ぶようになりました。

原因不明の急な病になったお子さんや霊感が強くなったお子さんなど、様々な人たちが、守護の導きのように訪れたこともあり、その際にムーンは、この子たちのサードアイに手をつけ、しばらくじっとして、オッケーになったら『にゃー』と言って手を離し、その日の治療は終わりかのような行動をとる事も多かったのです。

その後、健康で元気に成長し、ムーンのお見舞いに訪れてくる子もいて、猫と人との間柄を超越し存在する猫だったからこそ、ムーンレターで大学生の多くの子たちの心を癒したのだと思うのです。

あなたは、相手の話にちゃんと耳を傾けていますか？

keyword from moon's mom

心の耳で聴く人になってください

16 ブラッドキャット

Oct 15

Dear Sean
Daddy said I'm new
Brad Pitt cause I'm brat.
Not eating fishy when
kitty is around.
Sounds same to me
Love moon

10月15日

ショーンへ

ダディが僕は新しいブラッドピット
だって。
それは、僕がブラット(あまえんぼ)
だからだって。
お姉ちゃんが近くにいると
フィッシュ食べないから。ぐすん
どれも同じサウンドなんだけどなああ

らぶ　ムーン

16 ブラッドキャット

Oct 14

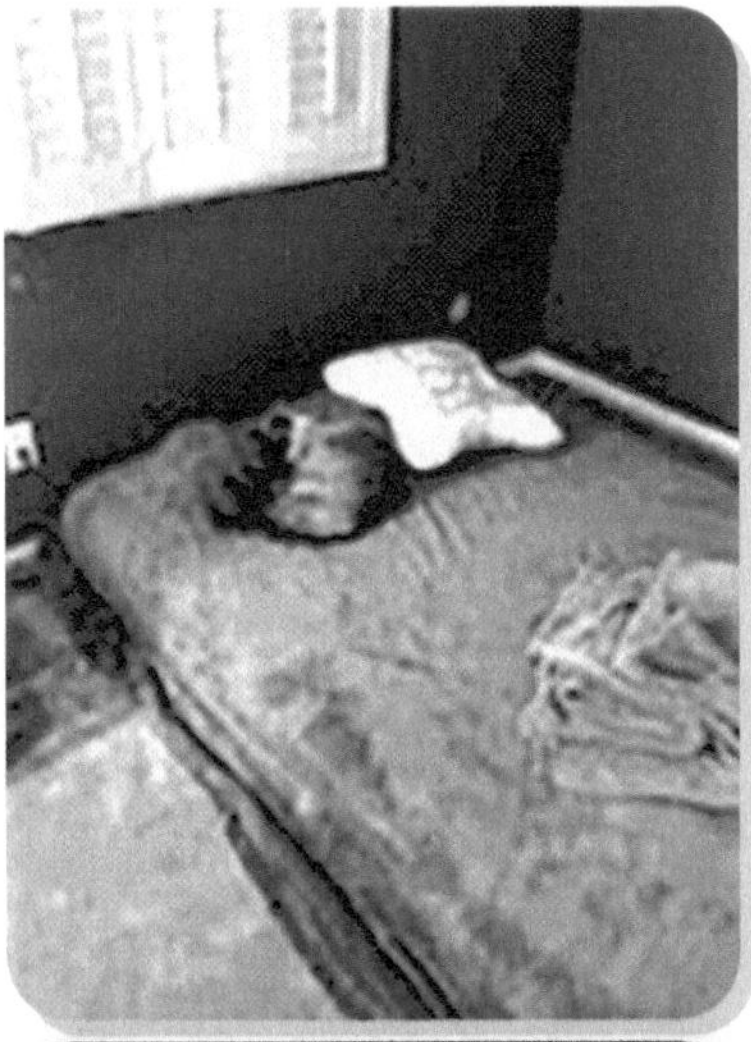

Dear Sean
My favorite spot!
Not leg side pillow side.
I wait for my buddy
every night.
Good night.
Love moon

大好きなところにいるムーン

10月14日

ショーンへ

僕の大好きなところ。
ピローのそばで足元じゃないよ。
毎晩、親友のショーンが帰ってくるの
まっているんだ
おやすみ

らぶ　ムーン

夏にアメリカの大学へ進学すると、寮やアパートから初めて帰省するのは、大抵、サンクスギビング（感謝祭）がある11月の第4週の頃。その週は、サンクスギビングの数日前から家に戻るので、ほぼ1週間滞在でき、夏以来でやっと会える時期です。アメリカでは家族が揃い、みんな感謝で家族との時間を持ち、食事をするのです。

大学の1年の間では、夏からこの秋までの時期が、実は一番長いのです。3ヶ月が永遠に感じるこの時期。この後は、クリスマスのホリデーまで3週間頑張れば、また会える。しかも、長いお休みに入ってきます。

このレターの年は、長男の大学初年度なので、ムーンの一番大変な試練の時でした。この後、3年間癒し続けてくれた次男の大学進学で、同じ時期に、さらに辛い大変な思いもしたのですが、

『もうすぐ！　もうすぐ！　会えるよー！』

と、子供たちの大学進学時代に、何度この言葉を言ったことか（笑）。

あなたは、家族と一緒に過ごす時間がありますか？
あなたのペットや家族に、電話をしたり、声を聞かせていますか？

ムーンのために、ボーイズへ電話することも多く、時代の変化とともに、あの小さな箱の中から、ボーイズの声が聞こえ、顔が見られることに、いつも目をまん丸にしたムーンです。

あなたが家族やペットから離れて暮らしているのなら、定期的にほんの数分でもいいので、お電話をしてあげてください。
その数分を、首を長～くして待っている存在がいるのです。

keyword from moon's mom

その瞬間こそ、あなたが愛に触れるチャンスなんですよ

17 せりふ覚え

Aug 31

Dear Sean
Mom said memorize this phrase on your oscar / Emmy time. Thanks to mom & dad u r my heart. Thanks not letting me give up continue to support.
Love u ... One of actor just said on TV. Mom keeping a lot more
love kitty watching tv w/M&D

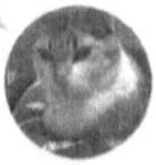

みんなでTVを見ているキティ

8月31日

ショーンへ

マミーがね、このセリフいつか
オスカーでもエミーの時のために
覚えておいてって！

お母さん、お父さんは私の心です。
どうもありがとう。
諦めずにサポート続けてくれありがとう。
Love you

今、賞受賞した俳優さんが
TV で言ったばかり。
しかも、マミーもっとセリフを
メモッているよ。

マミーとダディと TV みているキティより
LOVE

17 せりふ覚え

Sep 1

Dear Sean
Mommy said u r sick. R u ok? We pray for you to get better soon.
Love moon

祈っているムーン

9月1日

ショーンへ

マミーが、ショーン具合悪いって
言ってたよ。
大丈夫？
早く良くなるよう祈ってるからね。

らぶ　ムーン

17 せりふ覚え

Sep 5

Dear Sean
I'm protecting your room, nobody can go through me 😼
Love moon

見張りちゅうのムーン

9月5日

ショーンへ

ショーンのお部屋の見張りちゅー。
誰も僕を超えて行けないんだぜ！

らぶ　ムーン

まるで門番猫！

ボディガードならぬ、お部屋ガード。

何度か似たようなメッセージをご覧になったと思います。かなり「部屋の見張り」が、すごかったので「誰も、一歩たりとも、足を踏み入れることのない部屋」と、なりつつあった時期でした。

その後も、ムーンは体調不良になる時は、必ず長男の部屋で休み、体を整える習慣がありました。ボーイズが体調不良の時も、ヒーリングを送るかのように部屋で長く寝るので、すぐに察知しました。

長男はロサンゼルスで2校でのみ、単位を取得することができる、ハリウッドエンタメ界の学びをしていたので、オスカーの話題も、我が家では豊富に出てきたものです。

猫たちも、いつも一緒にオスカーを見ては、話題の的でありました。

keyword from moon's mom

あなたのワクワクは
ペットたちの心にも伝わってますよ

18 どれもタイミング

May 25

Dear Sean
Everyone is sooo busy.
Mom & Dad r busy
cleaning your room
ready for your return.
So I have to be out here
relaxing since nobody
can give me my fishy.
Love moon

リラックスするしかないムーン

5月23日

ショーンへ

みんな、ちょー忙しいんだってー。
マミーとダディは、
ショーンが戻ってくるから
ショーンのお部屋のお掃除って。
みんな忙しくて、
誰も僕のフィッシー（かつお節おやつ）
くれる時間もないみたいだから、
ここでリラックスするしかないんだよね。

らぶ　ムーン

18 どれもタイミング

Aug 25

Dear Sean
I missed say goodbye to you so after everyone came inside I was so sad & showed attitude. I even attached my sis kitty then mom said STOP it. Then I cooled down. I'm looking outside now.
Miss & love moon

クールダウンちゅうムーン

8月25日

ショーンへ

くやしい。。。ショーンに
お別れ言えなかったじゃん。
みんながさよならして
家に入ってきたときにきづいて、
即、悲しくなって、
みんなに嫌な態度みせたもんね。
誰も言ってくれないから。。。
怒ってお姉ちゃんにも八つ当たりして、
アタックしたら、マミーに、
やめなさい！　と叱られた。

それで少し、頭冷やしに来たところ。
ブラダンの部屋から外眺めて
クールダウン。

らぶ　ムーン

スペルは、アタックとアタッチ間違えた

いつも寂しがるムーン。

そして、さよならする時は、いつも長男も寂しい。

出発前に遊んだり、抱っこしたりしても、『行くよ』の声をかけず、そーっと出て行くほうがいいと思い、その結果が返って大変なことに(笑)。


自己表現が上手だったムーンならではですね。

でもね。人間だってそうですよね。

どんなに寂しく辛くとも『またねー』の別れの挨拶はしたいと思うこともありますね。


ちなみに、ムーンのマミーとダディの結婚のお約束ルールは「どんなに険悪なムードの時でも、お出かけ前には必ず、ハグ&アイラブユーで送り出すこと」。

イライラしたネガティブ波動のままで出かけ、似たようなネガティブ

波動を引き寄せないためでもあります。

「外へ出かける」とは、目の前を離れることなので、必ず「愛とハグ」が、お出かけ前のルールなのです。

そのままを見て育った子供たちも大きくなり、自分たちで出かけるようになると、自然に同じことをするようになりましたね。

keyword from moon's mom

目の前の瞬間を大切に
必ず愛の波動で見送りましょう

19 どり〜みんぐ

Oct 19

Dear Sean
Mom thinks she may heard you said I love you mom on the phone.
She is dreaming.
I tell her when I get fishy.
Love moon

10月19日

ショーンへ

マミーさ、今日もショーンが
アイラブユーって電話で言ったの
聞いたとかいってた。
夢みてんだろうねえ。
僕は、マミーが
おやつのかつお節くれるときは、
言ってるけどね。

らぶ　ムーン

19 どり〜みんぐ

Nov 2

Dear Sean
I don't know it's because of nobody around or you are not in a room.
I am cold.
Sleeping all day long here.
How's weather over there?
Love moon

寒く感じるムーン

11月2日

ショーンへ

ねえ。。。誰も回りにいないからか、
ショーンがお部屋にいないからか、
寒いんだよね。
だから、１日中ここで寝てる。
ところで、そこは天気どう？

らぶ　ムーン

ボーイズは大学へ行き、我が家では「自然で日常、当たり前」の親への（互いへの）『アイラブユー』を言わない人が、多いと知ったようです。それで、電話口での『アイラブユー』が、ものすごい早口になりました（笑）。

猫との電話会話もそうで、ムーンレターを知らない人は『猫と会話しているの？　当たり前に？』となりますよね。

愛を分かち合う習慣であれば、自らが良き影響者となり、その大切さを広めること。

「宇宙がそのミッションを与えている」と気づくことは、誰にとっても大切ですね。

我が子も、その社会の波を通り抜け、しっかりと築いてきた大切な愛を広げ、周りにも自然に伝わり、良き波紋を広げている様子を横から見て、それを気づかずにいる我が子に、にっこりしました。

私が初めて出会う、巣立っていった息子たちの身近にいる人たちに『いい子たちを育ててくれて、ありがとう』とお礼を言われることに、不思議さを感じながらも、「周りの人の心に、ぬくもりの波動を届けることが出来たのかもしれない」と知り、それを伝えてくれる、見知らぬ人にも感謝なのです。

　ここで心があたたかくなったら、皆さんもその「あなたが感じる愛」を周りに広げてあげてください。

keyword from moon's mom

心のあたたかさは、見えないぬくもりと共に連鎖します

20 看病猫

Apr 5

Dear Sean
I told Mom to stay there
to keep my shade 😸
All boys just came home
from game. Sleepover &
tournament weekend.
I still keep pinky promise.
I am really good cat.
Better than I thought.
Love moon

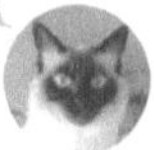

影がちょうどいいムーン

4月5日

ショーンへ

マミーに、
そこにそのままいて、
ちょうどいい影だから
とお願いしたところ。

ボーイズが試合から戻ってきたとこだよ。
お泊り会とトーナメントの週末なんだ。

まだ、ゆびきりげんまんは続いている。
意外に僕はいい猫みたいだよ。
自分が思った以上に、そうだった感じ。

らぶ　ムーン

20 看病猫

Apr 6

Dear Sean
B's team won today!
So they go to next round.
Believe or not he had a
fever last night.
Mom & I took care of him.
Daddy said he needs
vitamin more since 2nd
time he got fever this year.
Love moon

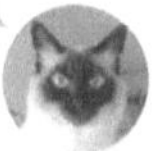

4月6日

ショーンへ

ブランダンのチーム、今日勝ったらしい。
これで次のラウンドに進めるって。
信じられないかもしれないけど、
ブランダン、昨夜、熱あったんだよ。
マミーと僕がケアしてあげたんだよ。
ダディーが、
今年に入って珍しく２度目の熱だから、
ビタミンもっと取れ！
って言ってた。

らぶ　ムーン

春休みが終わり、大学へ戻った息子との約束の後、しっかりと、そのお約束は続いていました。
約束をしっかりと守ろうとする猫ムーン。

約束って「決意」でもあるもの。決意し、行動し、約束したことが、ちゃんと現実に叶っていく。そして、また自信がついていく。
ムーンもそうして、少しずつ長男のいない生活に慣れ、成長していきましたね。

あなたも約束をしっかり守ってね。

keyword from moon's mom

時には自分自身との約束もあるのよね

ペットたちは、人以上に感じるものが早いし、察知するので、心配もきっと人以上だと思うのです。

そっと寄り添ってくる様子は、人間ファミリーへのハグと心配をちゃんと届け、自らの波動を、そっと分けてくれているんですよね。

そうして、また自然に触れたり、自分のエネルギーを溜め始めるのです。

そう、私たちはペットや世界に生存するアニマルたちに、この星にあるエネルギーそのものを分けてもらい、そして助けてもらっているのです。

この星地球と、全ての命ある存在のためにも、心から感謝したいですね。

keyword from moon's mom

見えない波動エネルギーで人々を助けてくれているアニマルやペットたちに、心からの感謝を捧げましょう

特別収録

ムーンから地球に生きるみなさんへのメッセージ

愛する世界へかける命

アニマルたちは、いつも壮大な愛を
私たちは、ペットがいても、いなくても
野生の動物からも、自然からも
愛を、受け続けているものだ

愛する世界へ、かける命

ムーンの最後もそうでした。
キティと同じくダディの腕で…。
この時は、まだ亡くなる前々日。
家族みんなで交互に抱っこし、
ずっと誰かが近くにいるようにしていた、私たちの時間。

ムーンの亡くなったその週は、ものすごい不思議な時でした。
まだまだ続く、その週に急死をしたアニマルたち。
信じられないくらいの数のアニマルたちの急死があったのが、あの週。

ムーンからのメッセージ。

たくさんのアニマルたちが
命を投げ捨て、守ろうとする
この星の愛や人
だから、お母さんは命をかけ
これからも愛の大切さを
この星のために伝え続けて

それがどういう意味なのか、日に日に分かっていくのです。

ムーンが亡くなる前日の話。

その日は、朝からお隣さんが連絡をくれた日。

私のフェイスブックで見たことがある人もいると思います。ムーンちゃんそっくりのお隣の猫ちゃん。あの子が行方不明になったということで、ムーンちゃんが峠になるかもしれないと感じた日。たくさんのアニマルたちが急死をしたその週の中で、その数が一番多かった日に行方不明となり、翌日にお隣さんが連絡をくれたのです。

そして、ムーン他界の前の晩。

私たちが寝る直前、『残念にも、その日に遺体の一部が発見され、死が確認された』とお隣さんから連絡がありました。「夜、いつもなら家にいるはずの猫は、ちょっとした隙に外に出てしまい、野生動物に食べられてしまった」という報告でした。

お隣さんは『だからこそ、悲しみの中だけど、ムーンは元気になるよう！』と祈ってくれ、その時は「まさか、お隣どうしのそっくりの猫が連日に亡くなる」とは、誰も頭をよぎることもなく、ムーンの回復を祈りに祈りを重ねたのです。

翌朝、穏やかに私に抱っこされ、私とムーンが定番でよく歌っていた歌を2回も聴き、一緒に歌ったのです。

いつものように外をぐるっと周り、気持ちいい風に吹かれ、降りたそうにしたので、芝生の上に降ろし、ボルテックスセドナの岩の前に寝かせました。ほんの少しだけ、ダディと次男がお店へ行ってる間に、誰が考えても、どの獣医と話をしても、あり得ないということがムーンの体に起こりました。ものすごい数の寄生虫が、うじゃうじゃとお尻から出てきたのです。

ノミからの寄生虫だけど、1週間前に良好の腸診察もしたばかり。しかも、ムーンとキティは毎日外へ出て、毎日外で昼寝をしていたのに、この10年間ノミがついたことがなかったのです。ノミの薬も使っていません。何もしてなかったのに。あの子たちには、ノミが全くつかなかったのです。

だからこそ、いろいろなことを考えて、これはあり得ないことでした。

「どうして??　なぜこの時に??」

ムーンの身体状態ではお薬をあげることも厳しい。ムーンが自然に他界するのを待つには、かわいそうな状況となりました。

友人の獣医で全米でも名高い名医に連絡をしたところ、

『Masami…。ムーンのために、安楽死を決断しておくれ。このままでは寄生虫により、内臓がやられてしまう』

家族全員が涙の厳しい究極の決断でした。

でも、全員一致で『ムーンのために、ムーンを楽にしてあげよう』と。

主治医に電話をすると、5分の差で、遠出をしてしまった直後でした。その日は土曜日、ロサンゼルスの姉がいつもお世話になっている出張獣医で、安楽死をやってくれるビバリーヒルズの友人に連絡、他にも主治医の勧めてくれた人たちへ連絡をしました。

ところが、誰もがその日はダメで「宇宙はもうムーンに全てを委ねている」ということだから、「きっと、自ら向こうへ行くだろうと」思ったものの、ムーンはまだまだ生きようとする力を振り絞ろうとしていて…。

その時、主治医の先生から電話が入りました。

『明日、クリニックは休みだが、僕もムーンには思い入れが強い。できるなら僕にムーンを旅立たせてもらいたい。明日、個人的にムーンを訪れるよ』

そして私は、先生の最後の言葉に耳を疑ったのです。

『暗闇の中で割れた隙間からは、もう出てくるばかりで、止まることがない』

これは…??

もちろん先生は、寄生虫のことを話しているのですが…。

「あまりにも偶然？　あなたはアニマルの先生じゃないの？」

　さらに、先生もムーンのことで疑問だらけで、

『これまでも、ムーンは理解できない、解明できない体験をしてきた。今回も同じで、全く予想不可能の展開だ』と先生もショックを受けていました。

翌日の安楽死のために、先生が訪問の時間を決めた途端、その日は忙しくなり、一度アパートへ戻った長男にダディは電話をし、お世話になった人たちに、ムーンへお別れにくるよう連絡をし始めていたのでした。そのことを知らずに、私はムーンに寄り添っていました。

すると、小さく口を開けた、いつもおしゃべりのムーンから、テレパシーのように語るような声が聞こえてきました。

お母さん、先生の言葉を聞いたでしょ？
3次元では、寄生虫という虫で見えているけど
異なる次元の目で、彼らを見て

そのそばにブランダンこと次男がやってきて、私とムーンとの会話を知らずに、こう言葉を告げたのです。

『寄生虫は、そう簡単には死なない。彼らは闇を好んで外に出ても、次の場を探し始める』

まるで会話に合わせているかのような言葉。

そして、ムーンはこう続けたました。

別次元で見ると、お母さんには見えるでしょ
もう出始めた存在は、次から次へと、この世界へ出てこようとする
僕の体の中に、できる限り留めておくから
その間に、僕の体を光の世界へ送る手伝いをしてほしい
隙間から出ようとするものたちを、できる限り
僕の中に閉じ込め、僕が光へ連れて行く
早くしなければ、世界中に次々と、暴動の波が大きくなる
人間への被害が最小限になるよう
急いで、お母さん

その時は、まさかそれから6時間後に、世界中に広まる始発点となったロサンゼルスの暴動が起こり、強制外出禁止令が発令されるような緊迫した状況が訪れるとは、予想することもなく、

外に出てこようとする闇のような存在に
人間が操られる前に
お母さん、早く！
体の中に閉じ込めるだけが精一杯で
送り届けることをするために力を貸して欲しい

その言葉に、愛する我が猫が、この子が言っている「世界でこれから起きようとしていること」のために、アニマルたちが世界で連携し助け合って、同じことをしているということ、声を出すのも大変そうだったムーンが見せた映像は、宇宙の中で動き出すものでした。

ムーンはさらにこう言いました。

破壊が始まる前に
破壊を避けられるように

私はその時、「破壊」も「暴動」も意味が分かりませんでしたが、「破壊」は「隕石」の

ことだと、見せてもらった映像で分かりました。（その数日後、いきなり浮上した隕石が、地球圏外でニアミス接近したことが確認されました。）

息が止まりそうなくらい泣きながら、ムーンに言われた通りに、命を止めるために…。

お母さんはその方法を知っていると言われ、『少しずつ体が魂が移行する様子が見えた』と普段は感じないダディでも分かったそうです。

慌てて抱きかかえ、急な展開に戸惑う中で、その時は家にいなかった長男にフェイスタイムでビデオトークをしました。

電話の画面の向こうにいる長男の顔に頑張って手をあげ、顔をなぞるようにしたムーン。

私たちはその様子を見て、号泣しました。

愛おしいと思う愛が、ムーンの目にあふれていたのを私たちは見ました。

「ムーン、わざと今日、長男が数日の実家滞在後にアパートに帰った時間を選んだんだ」

あの子がいれば決断も鈍るのだろう。

「4人揃えば、向こうの世界へ行くよりも、残りたいと思うから、この時を選んだんだ」


そう知った途端に、涙が溢れ出し、止まりませんでした。


もう今度こそ、息をひきとるのかも、と思いながらも、まだやり残したことがあるかのように、ムーンは息をしていました。

全ての箇所、家の隅々まで、お礼をしたのがキティでした。ダディが『ムーンにも同じように、今度はマミーがやってあげて』というので、キティちゃんの時と同じように、ムーンと一緒に、お世話になった家のお礼まわりをしました。

不思議と2匹とも同じ行動をとり、それぞれの部屋の隅々をいつまでも覚えていようとするかのように、ゆっくりと見るのです。

心から感謝すると同時に「家、磁場、土地のエネルギーと感謝を忘れないこと」を教えてくれているかのように思いました。

「野生動物たちは、自分の死に場所を選ぶ」と言われるように、彼らが選ぶところは、彼

らの直感と波動を、何らかで感じて選ぶのでしょう。だからこそ、この子たちを見て学ばされます。自分の好きだった場所から、家のあらゆるところまで、猫のトイレがあったところも、

『たくさんお世話になったねー。ありがとう、トイレさん』

と、一緒に声をかけながら歩いて、それが終わる頃、映画監督ファミリーがお別れに来てくれたのでした。

キティの時と同様に、ダディから連絡を受けた、いつも応援してくれる人たちがムーンを訪れたり、沖縄の大城姉とも最後の電話をしました。

ムーンのお薬を含めたシッターケアをしてくれた友人もアニマル保護をずっとしていて、ムーンにノミがいなかったことなども知っているので、今日の急な寄生虫の展開に、本当に驚き、安楽死を好まない私が出した決断を『この状態ならムーンのことを思い、誰もが決断する！　きつい決断をムーンのためによくやった』と寂しいながらも、応援してくれたのでした。

でも、ムーンと私は、明日に予定をした安楽死を前に、「もう今日中に、自ら旅立つよう」

やりとりをしたので、「明日まで待つことはない」と確信し、みんなにムーンにサヨナラの挨拶をしてもらっていました。

気づくと、その2時間の間に訪れた人たちは皆、私たちがこの4年間、留守中にムーンの世話をしてくれた人たちでした。

そして、その最後のひとりがやっと到着し、10分も経たないうちでした。

最後に、どうにか声を出そうと必死に口を開ける、お話好きのムーンは、
フェイスタイムの長男を目の前に、
キティの時のように、ダディの腕の中で、
両サイドに私と次男、
ムーンも大好きなおばちゃんたちに、見守られ、ゆっくりと息を引き取ったのです。

ムーンちゃん、キティ姉ちゃんと同じ17歳の猫生を終え、心からありがとう。
たくさんの、たくさんの愛をありがとう。

ムーンの遺体をずっと抱き続け、ソファに座り、まだまだ温もりがあるムーンをおろす気になれず、何時間も抱き続けました。

その2時間後には、ロサンゼルスの暴動が活発に。強制外出禁止令が発令。

ムーンの言っていたことが「こんなにも早く、本当に始まった」と驚きました。

翌日は日曜日、アニマル火葬場がお休みのため、お別れは月曜日の朝一となり「ムーンは亡くなっても家に少しでも長くいたいのねー」と思ったものでした。不思議なことに月曜日になっても、ムーンの体は全く硬くなりませんでした。まるで生きているかのように柔らかかったのです。ただ冷たいだけで、まるで寝ているかのように。

月曜日の朝、ムーンが好きだった敷地内の花やハーブのベッドに寝かせ、家族全員集合で、みんながゆっくりとムーンを抱きしめ、最後のお別れをし、ゆっくりと燃え上がる炎の音を聴いていました。

空で大きな鳴き声がしたので、見上げると鷹が二羽飛んできて、火葬の煙突の上を円を描くように飛んでいました。そして、鷹が太陽に向かい飛ぶのを目で追いかけると、そこ

には、太陽の周りに大きな虹が出始めていたのでした。

しばらくアニマル墓地で火葬が終わるのを待ち、『今、遺骨をまとめています』の案内の時には、ずっと空にあった虹は消えていました。

すると、「高速道路で捨てられていた犬を拾い、自分の家族に迎えた」と言うおじちゃんが声をかけてきたので、お話をしたのですが、そのおじちゃんが最後にひと言。

『また、新しい猫家族を迎え入れてあげなさい』

苦笑いをする私を、息子とダディが見ていました。

なぜなら、私が『もう猫は欲しくないんだ』と言っていたからです。

おじちゃんはペット墓地の役員さんだったので、たくさんの愛されたペットたちが見送られる、その場所をいつもチェックし、綺麗にするよう心がけ、そこを散歩してるのでした。

そうしているうちに、ムーンの遺骨が戻ってきて手渡されると、おじちゃんの犬がムーンの遺骨に興奮し寄って来ました。

『うちの猫も散歩する犬を見るのが好きだったので、感覚的に知っているんですね。このわんちゃんの名前は？』

『この子の名前は、ムー！』

ムー大陸のムーに、我が家のムーンと一文字違いに、思わず笑みが浮かんだ瞬間でした。

ダディも息子も
『マミー、ムーンからのメッセージだよ』と笑いました。

車に乗り家に到着する直前、太陽の上には、また虹が上がっていました。

その日の夕方の夕焼けが、あまりにも見事で、2階にいた息子が慌てて降りてきて、

『マミー、ダディ、夕焼けがものすごく綺麗だよ』

雨上がりの後によく見られるエンジェルカーテンのように、夕焼けの向こうに綺麗な天界への道が見えるかのような、見事なカーテンが見えたのでした。

その真っ赤な綺麗な空に、そして遺骨のムーンに向かいダディが、
『ムーン、本当にミラクルキャットだな。
今日は1日、たくさんの励ましをムーンからもらい、奇跡を見せてもらったよ』
涙する私たちを、笑顔にするかのように、自然との調和とともに、自然現象の中にしっかり愛を込め、それを私たちに見せてくれ、次元を超え、いつも心は一つであり、すぐそこにいることを教えてくれているのでした。

ムーンが旅立ってから2週間が過ぎ、向こう2ヶ月の忙しいスケジュールがどんどん入ってきたこの時を見ると「ムーンは全てお見通しだったのだ」と実感したものです。
そして、遠方ステイの次男が次のステップにつき、新天地で一人、ムーンを亡くした悲しみに押しつぶされないように、私もムーンを亡くし、心を癒す時間を息子たちからもら

え、「この時間がありがたいことなのだ」と強く思いました。

日々、絶えることのなく花やギフトが届き、メッセージも尽きることがなく、男女問わずアメリカ人の人たちからも「ムーンのファンだった」「励まされていた」と多くのメールをもらいました。

「私たちが、いかにムーンを愛していたか分かる」「その愛の存在に癒されていた」と言う病気や困難を乗り越えてきた人の励みや、数え切れないほどのメールをもらいました。

今もなお、届けられる花に囲まれるムーン。本当に本当に多くの人に愛されていました。

仙人のようなメンターが、幼いムーンを迎えた頃に言った言葉通りだったかもしれません。

『この子（ムーン）は、宇宙からの猫ね。
ライトさんの動きを全て、この子の目を通し、宇宙に報告しているのね。
この子の報告が終わる頃はどんな時代か？
ライトさんがどれほど成長しているか？
宇宙は全て見ているわね』

私は、宇宙異次元空間から見守る彼らや、ムーンが希望し、イメージした通りに成長したのだろうか？　分からない（笑）。

　でも確実にムーンの遺言通り、

「世界に愛の大切さを伝えていくこと」

「愛の波動がこの地球を救うこと」


　それは、この星に住む一人ひとり、あってこそだから伝え続ける。


　心から、私たちの人生に来てくれありがとう。

　今でも思い出す。体中に雑草をつけ、汚れまくりの姿に、綺麗な青い目の猫が、月明かりに照らされ、我が家の中に、ボーイズを追い、入って来た。

　その瞬間から「ライト家の一員」となった。


『マミー、この子の名前はムーンね』

天使の舞う丘のふもとの家に、月明かりに照らされ、我が家へ来た猫だから。
捨てられたこの子が、一生光に照らされる人生になるように。
この子の名前は、

ムーン　ライト

一生、光に照らされた人生だよ。その名以上に、照らされただけでなく、多くの人が光を受け、照らされる存在であることを教えてくれ、多くの人や、私たちの心を照らし続けた気がする。

２０２０年5月30日　光につつまれ、虹の世界へ

MOON Light
Love Forever ♡
Thank you

おわりに

ムーンちゃんブック初本です。

書き始めようとした今は、朝の5時過ぎ（3月1日）。2階でいつものように、ムーンがベッドから降りる時の音が聞こえてきたのです。

いつもならその後に、ミャーと鳴き降りてくるか、「抱っこしてー」と呼ばれるのです。

ちょうど9ヶ月前のムーンちゃん他界までが、そんな日常でした。

今、まさにたった今、初本のためにパソコンに向かったのが分かるかのように、自分も一緒に編集に携わるかのように、2階から聞こえてきた「起きたよ！」の合図は、きっと世界へ向けての「僕は魂で今もいるよ！」を知らせてくれたかのようでした。

子育て本やライフプロモート（人生開花）の本などを書きたいと思っていた私の元へ、『ムーンちゃんの本を出しましょう！』と声をかけてくれた編集のメグちゃん、ありがとうございます。おかげで世界へのＧＯ！　サインとベルが鳴ったように感じます。

『とにかくムーンちゃんブックです！　世界が必要としています！

でもメッセージを受け取るのは、まさみさんです！』と押してくれたメグちゃん。

その瞬間から、虹の向こうへ渡ったはずのムーンが、なぜ17年前、私たちの家族の元へ突然現れ、家族となったのか？

まるで、満月の夜に月から降りてきたのかのようなムーン。

あの日の月明かりは、本当に神々しく、今後、皆さんがムーンちゃんブックで知るであろう、ムーンちゃんが宇宙から、異次元から、私たちの元へ降りてきた理由、世界のアニマル総代をまとめるかのような姿でした。

ムーンちゃんが虹へ渡る時に教えてくれた、世界の「これから」と「今」という時のこと。

運命の出逢いとなったあの日、２００２年11月26日。我が家のレイライン（聖地や光の通る道）上にあった裏丘に、月明かりが照らす時。妖精や天使たちが、月の光とともに、数え切れないほど、この次元に降りてきたのを何度も見た、あの忘れられない光景の場。今ではその家も崩され、その土地に住んだ最後の家族。私たちが移り住んだわずか2年ほどの間に、月明かりとともに現れ、子供達と出逢い、初めて出会う私たちに、違和感なく、自ら家に帰ってきたように、当たり前に家族であるように、ドアをくぐり家の中へ、泥だらけで雑草だらけで入ってきた、この子こそムーン。お風呂に入れたら、輝くほどの真っ

白い猫でした。

いつか本で紹介するであろうムーンの秘話。そして、アニマルたちが教えてくれる「宇宙」と「地球」の話を、皆様へ全部届けられるよう、魂となったムーンが今も語る「世界へ伝えて欲しいこと」を綴っていきたいと思います。

その初本として、まずは大人気となったムーンちゃんレターからお届けいたします。

ブログに収められた１００通を超える猫のムーンちゃん便りから、ボランティア編集スタッフとして伏見さん、谷口さん、光山さんを映像伝心で選び教えてくれたのもムーン。3名の選んだトップ20のムーン便りをまとめるため、重複記事こそ多くの共感が集まる便りと、最終選択のまとめを、幼い頃からのムーンを知る大城裕子さんこと大城姉と、ボーイズの幼馴染で大城家ガールズが選び抜いたトップ20の便りが、私に手元に届き、今回まとめた初本となりました。

選ぶ際に何度も涙した皆様、読み手視点の協力で選んでいただき、どうもありがとうございました。

『ムーンちゃん便りの英文も文法は、はちゃめちゃだけど、いいのかな？』と、編集のメ

グちゃんに伝えると『まさみさん、ムーンちゃんは猫です。英語が完璧でなくてもいいんです（笑）』と、心を和ませ、進ませてくれた編集のメグちゃん、どうもありがとう。

略称文字の多い現代っ子の息子たちのメールもいつも簡単英文。「気持ちが伝わればいい！」の観点から、ムーンのその日の行動をムーンのそばでタイプし、『じゃ、送信ね！』と押す私のそばで「これでオッケー」の『ミャー』と言ったムーン。

内緒で進めてきたムーンレターの制作。

ムーンより1ヶ月半先に他界した、メンターの一人である預言者の近藤先生は、10年以上前から、私に「本を書くこと」をずっと言い続けた最初の人。

２０４０年以降の未来を懸念し、話を重ねた先生も、ムーンを宇宙猫と呼んだひとりでもあり、今回の出版を喜んでいると思います。

本を出すことにより写真や文、名前もさらに一般公開されることを許可してくれた我が家のボーイズ。

側で支え続けた主人とボーイズ、亡きキティとムーンに心から感謝です。

私が体験してきた宇宙猫と確信するムーンの行動と、様々な思いの観察を振り返ると、長い年月をかけ、宇宙は私に教え、託してきた意味が深く理解できるのです。
皆様へこれから伝えていく著書の全ては、これからの地球とこの星に住む人々の未来のため。

皆さんどうぞ共に泣き、共に笑顔で、この本を読み進めていただけたら幸いです。
あなたの魂の本として胸に抱き、この本をハグしていただけると嬉しいです。
心からの愛を込め、皆様の幸せをムーンと共に祈りながら。

HUGS
Love & Light
Masami Light　ムーンのママより
２０２１年　春

本書は、ブログ「未来へライトUP!」から抜粋、
新たに著者が加筆したものです。

君はひとりじゃない

この広い世界で宇宙で
君は大切な同じ波動を持つ者たちと
つながっているんだ

次の星のお話への準備は出来てる？

さあ、心と魂の成長が
宇宙規模で始まるよ

by Moon

著者

Masami Light

ライフスタイルプロモーター
イントゥイション(直観)スピーカー

マサミ ライト(本名)。沖縄県出身、ロサンゼルス在住。

高いエネルギーが溢れるヴォルテックスの土地に住む。自分と家族が幸せで初めて人を助けることができると信じ、ライトフィロソフィー発祥者として伝え続ける。代々高次力家系に生まれ、幼少時より小人や妖精、宇宙人と様々な存在たちを引き寄せる。20 歳頃より相談するとビジネスが成功すると評判に。大手企業のトップ達をはじめ多数の方が沖縄を訪れ、ビジネスコンサルタントトークをするように。グローバルイベント相談、億単位の交渉通訳など海外でも活躍の生活から LA 移住後、ライフビジョンプロモーターとして SNS、ブログを通し発信。

家族中心の自由なライフスタイルを楽しむ。

大好きなのは主婦&母親業。

Life Work & Gift Work　～適職 & 天職～
観音様が枕元に立ちメッセージを送ったことから某 MLM 企業に携わる。カリスマ成功者のプライベート通訳をはじめ、100 名を超えるビジネス界のミリオネアたちの通訳としても活躍。通訳した方々の総額資産額は 1,000 億円を超え、ノウハウと成功者たちの声(Voice of Success)と呼ばれるように。毎週ボランティアで成功者インタビューナビライブ視聴回数 60 万回を超え多くの人生成功者を輩出。エンターテインメント界にも深く関わり、ハリウッドセレブやキングオブポップをはじめ世界的歌手を世に送り出した方々ともプライベートで交流が深く、グローバルアーティストたちとの時間を「いつも感謝」と「世界とのつながり」として大切にしている。人生転換期を迎えた人たちとの出会いに Intuitive Adviso(直観を高めるサポーター)として、スピリチュアルインスピレーションを贈り続ける。

Love & Light
www.masamilight.com

LIGHT PHILOSOPHY
ME
FAMILY
FRIEND
By Masami Light

Special Thanks to

Scott, Sean, Brandon, and Kitty.

Akemi Taniguchi, Harumi Fushimi,
Fumiko Mitsuyama, Yuko Oshiro
and Megumi - Wanann, Inc.

In memory of Okinawa family,
thank you for loving us.

From
- Moon and Masami Light -

ムーンレター / Moon Letter
宇宙猫が伝える家族愛の育て方
by Masami Light

AMESIAN BOOKS
2535 W. 237th St., Unit 106
Torrance, CA 90505
amesianbooks.com

Copyright © 2021 by Masami Light, AMESIAN BOOKS
All rights reserved.

AMESIAN BOOKS is a division of Wanann, Inc.
No part of this publication may be reproduced, stored, or transmitted in
any form or by any means, electronic, mechanical, photocopied, recorded
or otherwise, without prior written consent from the publisher.
Notice of Disclaimer: The information contained in this book is based on
the author's experience and options. The author and publisher will not be
held liable for the use or misuse of the information in this book.

Publisher: Kyoichi Ichimura
Creative director: Megumi Tamura
Sales and distribution: Risa Akashi

ISBN 978-1-945352-11-9(PB)   ISBN 978-1-945352-12-6(EB)

10 9 8 7 6 5 4 3 2 1

First edition, 2021

Amesian Books
WANANN, Inc.